RETIRO DOS DISCÍPULOS

Nossa Missão

Chamados para trazer o poder sobrenatural de Deus para essa geração.

RETIRO DOS DISCÍPULOS

© 2025 por Guillermo Maldonado

Primeira Edição 2025

ISBN: 978-1-61576-0862

Todos os direitos reservados pelo Ministerio Internacional El Rey Jesús.

Produzido por: King Jesus University (KJU)

Diretor do Projeto: Adrián Ramírez

Editor Geral: José M. Anhuaman

Editores e Tradutores:
Gloria Zura
Martha Anhuaman
Joao Felipe dos Santos
Andreia Palaroni

Design interior: Martha Anhuaman

Design da Capa: Alvaro Flores

Categoria: O Reino De Deus

Publicado por:
Ministerio Internacional El Rey Jesús
14100 SW 144 Ave. Miami, FL 33186
Tel: (305) 382-3171 – Fax: (305) 675-5770

Impresso nos Estados Unidos da Améric

ÍNDICE

Informação
ÚTIL PARA OS PROFESSORES

A seguir estão algumas dicas úteis para que tanto o professor quanto o aluno possam tirar o melhor proveito desta apostila. Desta forma, ambos terão mais ferramentas para estudar, cumprindo assim o seu propósito.

ANTES DE COMEÇAR A AULA

- O professor perguntará se tem algum aluno novo.

- Levará dois ou três testemunhos da aula anterior.

OBJETIVOS

Os objetivos de cada aula são elaborados para ajudá-lo a direcionar a classe para um propósito específico e claro. Se o professor der seu ensino pensando nos alunos, será mais fácil para ele manter o foco e não permitirá que nada o desvie do tema principal.

PASSAGENS BÍBLICAS

Em todas as lições você encontrará passagens Bíblicas aplicáveis à classe. Algumas estão completamente copiadas e citadas; e em outras só teremos a porção da escritura que serve especificamente para o ensino; e em outras mais, só aparece a citação bíblica; por exemplo (Veja Hebreus 9:12). Estas são ferramentas adicionais que o ajudam a entender melhor o tema.

PERGUNTAS

Em cada aula você encontrará três tipos de perguntas. O primeiro grupo, incluí perguntas que ajudarão o professor a introduzir de forma simples alguns pontos importantes da lição; todas estas perguntas convidam o aluno a analisar o que aprendeu, e incluem linhas para que o aluno responda brevemente. O segundo grupo de perguntas será feito pelo professor no final da aula; isso motivará os alunos a ficarem atentos. O terceiro grupo incluí questões de reflexão, após a leitura de algumas passagens da Bíblia; essas perguntas são incluídas como lição de casa para ajudar no processo de aprendizagem e fixação das lições.

ATIVAÇÃO

Depois de terminar a aula e responder às perguntas, o professor deve ensinar os alunos de acordo com a área que ensinou. Professor, sinta-se livre para seguir a voz do Espírito Santo, mantendo a ordem divina.

Em cada classe deve ser estabelecido o padrão do "El Rei Jesus", que é o seguinte:

- Presença de Deus (Esta é atraída com oração e Jejum).

- Palavra compartilhada (É recebida de Deus nos cultos, aulas, e durante o tempo que você dedica ao estudo da palavra e a comunhão com o Espírito Santo).

- Almas (O professor ensinará em cada aula o amor de Deus pelos perdidos).

- Dízimos e ofertas (Não está incluído na matéria, mas faz parte da nossa adoração a Deus).

- No final da aula, o professor orará pelas necessidades pessoais dos alunos. Ministrará salvação, milagres, profecia, libertação, cura, finanças, família, paz e alegria, conforme o Espírito guiar.

- Pedirá aos alunos que convidem uma pessoa para a próxima aula.

TAREFA MENSAL

Cada aluno deve ganhar ao menos uma <u>alma para Cristo</u> no mês. Você escreverá um breve relatório sobre essa experiência e entregará ao professor.

Valores da nossa casa

Este manual contém ensinamentos bíblicos e revelações do Espírito Santo de Deus para a edificação e transformação das pessoas que o recebem. É nossa oração que ele seja uma ferramenta valiosa nas mãos de pastores, líderes e crentes em todas as partes do mundo, para que juntos expandamos o Reino de Deus, proclamando que Jesus Cristo é Senhor para a glória de Deus Pai.

Apóstol Guillermo Maldonado

A visão é fundamentada ou sustentada pelos valores do Reino. Caso contrário, não seguiria o desígnio de Deus. Os valores que sustentam nossa casa são:

1. **Deus.** Acreditamos que Deus é um Deus Trino: Deus pai, Deus filho e Deus Espírito Santo, os quais se tornam UM. Nós o amamos com toda a alma, espírito e mente, e com toda as nossas forças. Ele é a prioridade do nosso amor, obediência e adoração, sobre todas as coisas.

   Amarás o Senhor o Teu Deus com todo o coração, e com toda a tua alma e com todas as suas forças e com toda a sua mente: e ao teu próximo como a ti mesmo. (Lucas 10:27)

2. **A família.** Acreditamos na família como um elo principal no reino de Deus; e no casamento somente entre homem e mulher. (Veja Gênesis 1:27).

3. **O valor da palavra de Deus.** Acreditamos nas escrituras como a verdade absoluta, to-tal e inspirada por Deus que é o fundamento para a nossa vida (Veja 2 Timóteo 3:16). Nós prometemos colocá-la em prática (veja Tiago 1:22

4. **Também acreditamos que o Reino de Deus** é o governo invisível, absoluto e verdadeiro de Deus. Fazer sua vontade é nossa paixão e desejo. Acreditamos e praticamos os seus valores, princípios, pensamentos e leis. (Veja Hebreus 12:28).

5. **Paixão pelo progresso.** O desejo de Deus é que prosperemos em tudo. Por isso, o crescimento constante é um valor para nós amadurecermos, progredirmos, irmos a outras dimensões e níveis de visão, fé, unção, glória e benção. (veja 3 João 1:2).

6. **O valor da transferência geracional.** Acreditamos que o nosso Deus é um Deus tri geracional: Deus de Abrão, Isaque e Jacó, e que os pais têm a habilidade e a graça de transmitir aos seus filhos espirituais e naturais, tudo aquilo que eles têm alcançado: herança material, emocional e espiritual.

(Veja por exemplo, êxodo 3:15; Deuteronômio 30:19; Lucas 1:50espiritual. (Vea, por ejemplo, Éxodo 3:15; Deuteronomio 30:19; Lucas 1:50).

7. **O propósito.** Acreditamos que todo ser humano nasceu e foi criado por Deus com um propósito. Quando ele descobre seu propósito e o desenvolve, deixa um legado na terra. Então pode-se dizer que essa pessoa teve sucesso na vida. (Veja Eclesiastes 3:11).

8. **O caráter de Cristo.** Acreditamos que o objetivo de cada homem e mulher na terra é, a cada dia formar mais o caráter de Jesus em sua vida, ou seja, estar cheio de bondade, integridade, humildade, temor de Deus, santidade e maturidade. Acreditamos que Jesus é nosso modelo, ao qual temos que imitar, honrar, glorificar, adorar e seguir. (Veja Romanos 8:29).

Declaração de fé

A Bíblia. Cremos que a bíblia é a palavra de Deus inspirada, infalível e imutável, desde Gênesis até Apocalipse. (Veja 2 Timóteo 3:16).

Um Deus em três pessoas. Cremos em Deus pai, Deus filho e Deus Espírito Santo, e que os três são um. (Veja João 5:7).

Na divindade de Jesus Cristo. Cremos que Jesus Cristo é o unigênito Filho de Deus, nasci- do de uma Virgem; que foi crucificado, morreu e ressuscitou ao terceiro dia; subiu aos céus e ago- ra está sentado a destra de Deus pai. (Veja, por exemplo, Isaías 7:14; Lucas1:30-35; Atos 2:32-36).

Salvação. Cremos que a salvação é obtida pelo arrependimento e a confissão dos pecados; é dada pela graça divina (não por meio de obras) é recebida pela fé em Cristo Jesus; pois Ele é o único mediador entre Deus e os homens. (Veja, por exemplo, Atos 4:11-12; Efésios 2:8; 1 Timó-teo2:5).

A ressurreição dos mortos e a vida eterna. Cremos na segunda vinda de Cristo para seu povo, que todos os mortos ressuscitarão (sal-vos e não salvos); e que os cristãos que estive-rem vivos serão arrebatados por Jesus, e todos passarão pelo julgamento de Deus. Os crentes terão vida eterna com Jesus e comparecerão perante o tribunal de Cristo, enquanto os in-crédulos serão ressuscitados para a condena-ção eterna e serão julgados no grande Trono Branco de Deus. (Veja, por exemplo, Daniel 12:1-2; 1 tessalonicenses 4:13-17; Romanos 14:10; apocalipse 20:11-15).

Santificação. Acreditamos na santificação como uma obra instantânea no Espírito, mas que, também, deve ser desenvolvida progres-sivamente na alma e no corpo de cada filho de Deus I. (Veja, por exemplo, hebreus 12:14; Ro-manos 6:19-22).

Cremos no batismo no corpo de Cristo, pelo qual a pessoa aceita a Jesus, nasce de novo e torna-se parte do corpo de Cristo e de Sua vida eterna. (Veja 1 Coríntios 12:27).

Cremos no batismo nas águas, como símbolo de identificação com a morte para o pecado, e com a ressurreição de Jesus para a vida eterna. (Veja Romanos 6:4).

Cremos no batismo no Espírito Santo, com a evidência de falar em outras línguas, e que por meio desse batismo é recebido o poder para ser uma testemunha de Jesus em todo o mundo. (Veja, por exemplo, atos 1:8; 2:4).

A imposição de mãos. Cremos que esta é uma das maneiras de se transmitir a benção, a cura e o poder de Deus, de um ser humano para ou-tro. (Veja, por exemplo, atos 8:15-17; 1 Timóteo 4:14; 2 Timóteo 1:6).

Os cinco ministérios. Cremos nos cinco ministérios de Efésios 4:11, como dons dado por Deus ao Corpo de Cristo. (Veja Efésios 4:11-12).

Ministérios de governo. Cremos que o apos-tólico e o profético são padrões governamen-tais que estabelecem o fundamento e a doutri-na bíblica da igreja. (Veja Efésios 2:20; 3:5).

O governo apostólico. Cremos em estabelecer o governo apostólico na igreja local, com um apóstolo como cabeça, um profeta como parte do governo, ministros e presbíteros. (Veja, por exemplo, Efésios 4:11 e atos 14:23).

Reino de Deus. Cremos no reino de Deus como governo e na pessoa de Jesus como Rei, como duas verdades absolutas e máximas. (Veja, por exemplo, João 3:3; atos 8:12; Romanos 5:17; He--breus 12:28).

O poder curador e libertador do Reino. Acreditamos no poder do Reino para curar todos os enfermos, expulsar demônios e realizar mi- lagres, maravilhas, sinais e prodígios. (Veja, por exemplo, Marcos 1:32-34; João 14:12; Mateus 12:28).

A fé. Acreditamos que sem fé é impossível viver uma vida agradável a Deus, e que por ela herdamos as promessas. (Veja Hebreus 6:12; 11:6).

Pregar o evangelho. Acreditamos na divulgação do evangelho do reino de Deus de forma local, nacional e globalmente, por todos os meios disponíveis. (Veja Mateus 24:14).

Introdução

Amado líder

Bem-vindo a uma nova experiência de vida!

Como apóstolo de Jesus Cristo e pai espiritual desta casa, quero aproveitar este momento para parabenizá-lo por ter dado este passo de fé que trará mudanças substanciais para sua vida.

Servir a Deus é um dever que todo cristão deve ter em seu coração. Ninguém pode servir a Deus de forma eficaz, sincera e incondicional, sem primeiro estar livre de tudo o que o impede de exercer o chamado do Senhor. Por isso, hoje iniciais esta nova parte do processo do vosso caminho com Cristo.

Neste retiro, estritamente projetado para líderes, você experimentará todo o poder que Cristo desencadeou na cruz do Calvário. Esse poder irá libertá-lo de tudo o que tem trazido opressão à sua alma (pensamentos, sentimentos, etc.) e ao seu corpo. Desta forma, você estará livre para desfrutar do maior presente que o Senhor nos deu, que é o amor incondicional com o qual Ele nos amou desde que nos criou na eternidade, muito antes de virmos à existência na terra.

Se você tem o desejo de servir a Deus em seu coração e não sabe por onde começar, lembre-se de que primeiro deve aprender a servir aos homens. Pois se ele não pode servir a um homem a quem vê, será impossível para ele servir a Deus, a quem não pode perceber com seus sentidos naturais. Deixe-se guiar pela voz do Espírito Santo e Ele o ajudará a ser aquele homem ou mulher de Deus que o Senhor quer que você seja. Mais uma vez, lembro-lhes que, para ter um compromisso com Deus, é necessário deixar de lado tudo o que não pertence ao Seu reino.

Prepare-se, porque ao entrar nesta nova etapa, algo grande está chegando para você e sua família.

Bênçãos

Apóstol Guillermo Maldonado
Ministerio Internacional El Rey Jesús
Miami, Florida, EE. UU.

CLASSE 1

A libertação da mente
Vencendo a batalha

OBJETIVOS

- Ajude os discípulos a identificar o lugar onde ocorre a guerra espiritual

- Ensinando os discípulos a serem e permanecerem livres de opressões demoníacas

Este ensinamento foi recebido de Deus pelo apóstolo Guillermo Maldonado, com o propósito de transformar a vida daqueles que o recebem. O professor deve seguir os objetivos e o conteúdo de cada aula, **ensinando por 45 minutos e ministrando por 15 minutos**. Seguir estas instruções trará disciplina ao professor e mudanças radicais para todos.

A libertação da mente
Vencendo a batalha

*E*stamos vivendo no fim dos tempos antes da vinda de Jesus. Como resultado, vemos que o mundo está em crise. Mas a crise global é apenas o reflexo da crise que afeta as pessoas mentalmente, fisicamente, emocionalmente, espiritualmente e economicamente. As principais causas desta crise são a incerteza, o medo, o stress e a perplexidade. O estado em que a humanidade vive hoje foi anunciado por Jesus há mais de dois mil anos.

Então haverá sinais no sol, na lua, nas estrelas e na terra a angústia das nações, confundidas por causa do bramido do mar e das ondas, homens desmaiando de medo e na expectativa das coisas que hão de vir sobre a terra; porque os poderes dos céus serão abalados. **Lucas 21:25-26**

Tudo isso produz uma batalha em nossa mente que precisamos aprender a vencer. Todos os dias estamos em conflito: é a luta do bem contra o mal, do céu contra o inferno, da carne contra o espírito. Mas todas essas batalhas são travadas em um só lugar: a mente. E todos nós passamos por esse mesmo conflito, porque quando nascemos de novo, nossa alma é salva, mas a mente ainda precisa ser transformada. A mente é o território que o inimigo usa para tentar impedir a obra de Jesus em nossas vidas. É por isso que a Bíblia nos ordena a transformar nossas mentes, ou seja, nossa maneira de pensar, para pensar como Deus pensa.

Portanto, exorto-vos, irmãos e irmãs, pela misericórdia de Deus, a apresentardes seus corpos (dedicando-vos todos, afastando-vos) como um sacrifício vivo, santo e agradável a Deus, que é o vosso ato de adoração racional (lógica, inteligente). E não mais se conformar com este mundo (com seus valores e costumes superficiais), mas ser transformado e progressivamente mudado (à medida que amadurece espiritualmente) através da renovação de sua mente (focando em valores divinos e atitudes éticas), para que você possa provar (por si mesmo) qual é a vontade de Deus, que é boa, aceitável e perfeito (em Seu plano e propósito para você). **Romanos 12:1-2 (AMP)**

Você deve saber que o plano do inimigo é conquistar sua mente, e quando a mente não for renovada, você estará em constante guerra até mesmo com Deus. Talvez você prefira permanecer neutro, fora de toda guerra; Mas, a verdade é que não existe terreno neutro. A única opção é renovar nossa mente e nos alinhar com Deus ou permanecer sujeitos a Satanás.

O diabo quer chamar sua atenção, mas seu objetivo é ocupar sua mente.

A INFLUÊNCIA DO ESPÍRITO DO MUNDO

E nós não recebemos o espírito do mundo, mas o Espírito que vem de Deus, para que saibamos o que Deus nos deu. **1 Coríntios 2:12**

Por trás de tudo o que vemos, há algo espiritual que não conseguimos compreender com nossos sentidos físicos. No entanto, podemos medi-lo por sua influência, seu impacto na sociedade, o comportamento das pessoas, a forma como os grupos pensam, sua forma de agir e falar. É por isso que vemos um comportamento específico nas pessoas de certas cidades ou nações que são influenciadas por principados demoníacos. Por exemplo, você notou que as pessoas que vivem em áreas envolvidas na produção de filmes pensam e agem de maneira diferente do resto do país?

Se Deus ocupar nossas mentes, Ele influenciará a maneira como pensamos, falamos, agimos e vivemos. mas se o inimigo é quem a ocupa, ele influenciará tudo.

A DEMONIZAÇÃO DA MENTE

Um dia, Jesus conheceu um homem que as pessoas chamariam de louco. Mas aquele homem não era louco, mas enfrentava uma forte demonização em sua mente. Isso aconteceu em um lugar chamado Gadara.

A HISTÓRIA DO GADARENO

Eles atravessaram o mar, para a região dos gadarenos. E quando ele saiu do barco, veio imediatamente ao seu encontro dos túmulos um homem com um espírito imundo, que morava nos túmulos, e ninguém podia prendê-lo, nem mesmo com correntes, pois muitas vezes ele havia sido amarrado com grilhões e correntes, mas as correntes haviam sido despedaçadas por ele. e os grilos são desfiados; e ninguém poderia dominá-lo. E sempre, dia e noite, ele clamava sobre os montes e sobre os sepulcros, e feria-se com pedras. Quando viu Jesus de longe, correu e ajoelhou-se diante dele. E clamou em alta voz, dizendo: "O que você tem comigo, Jesus, Filho do Deus Altíssimo?" Eu te conjuro por Deus a não me atormentar. Pois ele lhe disse: "Sai deste homem, espírito imundo". E ele lhe perguntou: Qual é o seu nome? E ele respondeu dizendo: Legião é o meu nome; porque somos muitos. E ele implorou muito que não os enviasse para fora daquela região. Havia um grande rebanho de porcos pastando perto da montanha. E todos os demônios lhe rogavam, dizendo: Envia-nos os porcos, para que entremos neles. E então Jesus lhes deu permissão. E quando aqueles espíritos imundos saíram, entraram nos porcos, que eram cerca de dois mil; e o rebanho caiu no mar de um penhasco, e no mar eles se afogaram. **Marcos 5:1-13**

Jesus repreendeu o demônio e começou a implorar para deixá-lo em paz. Mas então vemos que ele faz uma mudança e para de falar no singular (eu) e começa a falar no plural (nós). Isso porque havia mais de um na mente do homem de Cadare; e seu nome era Legião. De acordo com historiadores antigos, uma legião de soldados romanos tinha entre cinco mil duzentos e seis mil e trezentos soldados. Você pode imaginar quanto poder demoníaco esse homem teve que suportar? Particularmente, não recomendo conversar com espíritos malignos, porque é uma prática muito perigosa, e somente Jesus tem autoridade para fazê-lo.

SINAIS DE DEMONIZAÇÃO NA MENTE

Existem alguns sinais visíveis de demonização na área da mente. Alguns deles são:

* Ansiedade

- Preocupação
- Depressão
- Pensamentos suicidas
- Forças mentais
- Raciocínio
- Imaginação
- Escapismo
- Ouvir vozes
- Incredulidade
- Duvidar
- Confusão
- Esquizofrenia
- Stress
- Padrões de sono alterados
- Pesadelos
- Pensamentos ruins
- Engano
- Espírito de intelectualismo
- Medo

Algumas das fortalezas mentais influenciadas por demônios vêm da tradição, pobreza, limitações, cultura, mentalidade anticristo, mediocridade, conformidade, religião, intelectualismo, hedonismo e muito mais. Se você está lutando com esses problemas, sua mente pode ser demonizada. Esta é a razão pela qual as pessoas não conseguem ter paz, dormem mal, irritam-se facilmente, sentem-se sozinhas e abandonadas. Precisa ser liberado em sua mente.

DEPRESSÃO

Dentro desta crise global que estamos atravessando, há três palavras que se destacam: economia, recessão e depressão. No entanto, quero me concentrar no último; porque a depressão traz morte mental. Embora passe despercebida por muitos, a depressão se origina quando as pessoas começam a pensar negativamente. A negatividade é um sinal de depressão e a depressão é um sinal de morte.

O primeiro estágio da morte é a depressão.

Em um nível massivo, a depressão se torna perceptível quando vemos muitos entrarem em crise mental e emocional. Como resultado, medo, desespero, trauma, ansiedade, desesperança, frustração, preocupação e todas as doenças mentais invadem os seres humanos de forma massiva. Quando você começa a perder a esperança, as almas das pessoas são demonizadas (cheias de ansiedade, medo, frustração e muito mais). É por isso que vemos cada vez mais pessoas enlouquecendo. Eles precisam ser liberados e transformados em sua mente.

CONCEITOS SOBRE A DEMONIZAÇÃO DA MENTE

1. A mente é um território

A primeira coisa que devemos entender é que, na dimensão espiritual, a mente é considerada um território. Deus não proibiu o inimigo de travar guerra contra nós em nossas mentes, porque é um terreno que Deus e o diabo procuram ocupar.

A mente é um bem valioso que Deus nos deu. Se Deus tem nossas mentes, podemos nos tornar um vaso que Ele usará para trazer o sobrenatural às nações. Por outro lado, se o inimigo capturar nossa mente, ele escravizará nossa vida. Então, tudo começa com a decisão de quem vai ocupar nossa mente. Quem ele permitirá que ocupe sua mente, Deus ou o diabo?

Durante o tempo em que estivemos trancados em casa devido à pandemia, essa guerra tornou-se visível na televisão e nas redes sociais. Fomos bombardeados com pensamentos de medo, ansiedade, desesperança, desânimo, morte e assim por diante. Tínhamos continuamente que expulsar os maus pensamentos, levando-os cativos ao senhorio de Cristo, e renovando nossas mentes pelo poder do Espírito Santo. Hoje, nossas mentes continuam a ser bombardeadas com ameaças de crises na economia, saúde, relacionamentos pessoais, etc. Mais do que nunca, devemos aprender a lutar por nosso território e proteger nossas mentes.

> *Quando renovamos nossas mentes,*
> *começamos a ocupar nosso território.*

2. Nossos pensamentos abrem portas

Quando temos pensamentos de fé, gratidão, perdão, alegria, paz e esperança, os seres humanos abrem portas para o Espírito Santo de Deus trabalhar em nossas vidas. Se, por outro lado, permitirmos a entrada de pensamentos de medo, inveja, imoralidade, etc., os principados demoníacos entrarão por esses mesmos pontos, porque os demônios se alimentam de maus pensamentos. Parte da guerra espiritual que enfrentamos na mente é porque, com nossos pensamentos, convidamos demônios. Quando alimentamos maus pensamentos, ou quando brincamos ou meditamos neles, damos lugar ao inimigo; e a Bíblia nos aconselha a *"não dar lugar ao diabo"* **(Efésios 4:27).**

Aqui, o termo "lugar" refere-se a um território ou a uma posição estratégica onde o diabo se instala para atacar nossa vida. Você não pode se dar ao luxo de entreter pensamentos de dúvida, confusão, medo, preocupação, desesperança ou perversão sexual. Ele também não pode pensar em abandonar ou tirar a própria vida, porque o inimigo se aproveitará desses pensamentos para atacá-lo. Você tem que estar pronto para levar todos esses pensamentos cativos para a obediência de Cristo.

As armas de nossa guerra não são físicas [armas de carne e osso]. Nossas armas são poderosas em Deus para a destruição de fortalezas. Estamos destruindo argumentos sofisticados e todas as coisas exaltadas e orgulhosas que se levantam contra o [verdadeiro] conhecimento de Deus, e estamos levando cativo todo pensamento e propósito à obediência de Cristo, estando prontos para punir todo ato de desobediência, quando sua própria obediência [como igreja] estiver completa.
2 Coríntios 10:4-6 (AMP)

> *Quando acreditamos em uma mentira,*
> *fortalecemos o pai da mentira.*

Temos que assumir a autoridade no espírito e levar esses pensamentos cativos, porque qualquer pensamento contrário a Deus nos prepara

para o fracasso. Não concorde com pensamentos mentirosos, não os aceite; leve-os cativos à obediência de Cristo, agora.

> *Desde o primeiro momento em que alimentamos maus pensamentos, eles farão guerra contra nós.*

3. Pensamentos malignos atraem espíritos demoníacos

Como mencionei anteriormente, os maus pensamentos atraem os demoníacos. Na verdade, pensamentos ruins ou negativos são a gasolina que acende os dardos inflamados do maligno.

Acima de tudo, pegue o escudo da fé, com o qual você pode apagar todos os dardos inflamados do maligno. **Efésios 6:16**

> *Os pensamentos são as estradas pelas quais as forças espirituais viajam.*

4. Pensamentos são sinais no reino espiritual

Mas alguns deles disseram: "Por Belzebu, príncipe dos demônios, expulse os demônios". **Lucas 11:15**

Os gregos reconheceram Belzebu como o príncipe das moscas, e as moscas são atraídas pelos podres. No mundo espiritual, a podridão é igual a maus pensamentos, e as moscas são os demônios que vêm atraídos por essas mentes podres. O problema é que o inimigo não habita em um único pensamento, mas em "padrões de pensamento". Então, toda vez que uma pessoa entretém, brinca ou chega a um acordo com pensamentos ruins, ela se alinha com esses padrões de pensamento sujos. Esse é o sinal que os demônios estão esperando para vir por legiões.

5. O estado de nossa mente reflete o estado de nossa vida

Pois qual é o seu pensamento em seu coração, assim é ele. **Provérbios 23:7**

Onde quer que você ancore seus pensamentos, eles permanecerão lá pelo resto de sua vida. Se sua mente estiver conformada com a doença, ele viverá doente; se estiver conformado com a pobreza, viverá pobre. Onde quer que fixemos nossas mentes - dúvida, medo, confusão, razão, incredulidade, pobreza, limitações, autopiedade ou desânimo - é isso que nos tornaremos. Precisamos colocar nossas mentes em Deus, em Suas façanhas, em Sua bondade, em Seu amor, em Sua misericórdia, em Sua provisão e em tudo o mais de que precisamos.

Pense nas coisas do alto, não nas coisas da terra.
Colossenses 3:2

Uma mente fixa em Deus determinará a direção e o bom destino de nossas vidas.

COMO VENCER A GUERRA

A boa notícia para os cristãos é que Cristo derrotou Satanás eternamente. Jesus veio para destruir as obras do diabo, e essa vitória está em vigor para sempre. Por causa da vitória de Cristo, podemos vencer a batalha na mente e ser livres de todos os espíritos demoníacos.

Para vencer a batalha da mente, devemos seguir os seguintes passos.

1. Arrepender-se

Precisamos nos arrepender de entreter, brincar, aceitar, concordar ou aprovar esses padrões de pensamento, mentiras e conceitos racionais estranhos a Deus. Devemos reconhecer que estamos acreditando em mentiras e nos arrepender antes que elas nos destruam.

E porque eles não aprovaram levar Deus em consideração, Deus os entregou a uma mente perversa, para fazer coisas que não são adequadas. **Romanos 1:28**

2. Renunciar

Temos que desistir dos padrões de maus pensamentos, caso contrário, eles permanecerão dentro de nós (eles habitarão na alma). Quanto mais tempo esses pensamentos passarem em nossas mentes, mais resilientes eles se tornarão. Devemos renunciar, agora, aos pensamentos de medo, dúvida, doença, morte, pobreza, baixa auto-estima e assim por diante.

3. Para levar cativo todo pensamento maligno

Derrubando argumentos e toda coisa altiva que se levanta contra o conhecimento de Deus, e trazendo cativo todo pensamento à obediência de Cristo, e estando pronto para punir toda desobediência, quando sua obediência é perfeita.
2 Coríntios 10:5-6

Como você verá, os termos usados (abater, levar cativo) são termos militares, porque o que está acontecendo em nossas mentes é uma guerra. Precisamos assumir a autoridade que Jesus conquistou na cruz do Calvário. O Senhor já nos deu poder e autoridade para fazê-lo. A única condição é que estejamos em total obediência. Se nossa obediência não for completa em todas as áreas de nossa vida, o mau pensamento não desaparecerá. Se estivermos em obediência, podemos ordenar que essas moscas saiam imediatamente, e elas partirão. Não podemos permitir que eles se aninhem em nossas mentes, nem estar abertos para negociar ou fazer concessões.

Quando levamos cativos todos os maus pensamentos, quebramos o contrato que fizemos com o reino das trevas.

---

4. Desista de todo espírito demoníaco que oprime nossas mentes

Ao nos arrependermos e renunciarmos a pensamentos contrários ao reino de Deus, tiramos o direito legal de todo espírito demoníaco para o qual havíamos aberto a porta. Agora é hora de expulsá-lo em nome de Jesus e ser libertado da influência desse espírito maligno.

5. Ore no Espírito Continuamente

Isso é importante, porque orar no espírito cancela os maus pensamentos e muda nossos padrões de pensamento. Paulo entendeu isso, então ele disse:

Dou graças a Deus por falar em línguas mais do que todos vocês.
1 Coríntios 14:18

CONCLUSÃO

Hoje é o dia que o Senhor designou para você estar livre de toda influência demoníaca em sua mente e travar uma guerra espiritual para recuperar o território que o inimigo havia conquistado em seus pensamentos.

PERGUNTAS FINAIS

1. Quais são alguns dos sinais de demonização na mente?

2. Onde ocorre a guerra espiritual?

3. Mencione o conceito de demonização da mente que mais o impressionou.

4. A mente é um ponto de entrada para demônios?

5. Sob que autoridade podemos estar livres da opressão na mente?

ATIVAÇÃO

- O professor guiará os discípulos a fazer uma oração de arrependimento por terem entretido pensamentos ruins, negativos, mundanos, imorais, depressão, suicídio, abandono, etc.

- Ele instruirá os discípulos a renunciarem a todos os maus pensamentos.

- Então, ele ministrará libertação de fortalezas mentais na presença de Deus.

TAREFA

- Examine os seguintes pontos importantes da aula:

  ‣ O mundo inteiro está em crise, é vítima da depressão; vive sem Deus, sem fé e sem esperança.

  ‣ Pensamentos ruins —de fracasso, depressão, ansiedade, suicídio e preocupação— levam à demonização da mente.

  ‣ A verdadeira batalha espiritual acontece na mente. Deus e o diabo lutam para preencher esse território.

▶ Alguns sinais de demonização da mente são: ansiedade, preocupação, depressão, pensamentos suicidas, forças mentais, raciocínio excessivo, medo e muito mais.

▶ O espírito do mundo nos influencia para nos levar a um estado de desespero e cegueira. Podemos medir sua influência pelo comportamento e mentalidade das pessoas.

▶ Os maus pensamentos são o ponto em que os demônios entram em nossas mentes. Portanto, devemos nos certificar de que temos pensamentos de paz, fé, gratidão, perdão, esperança e não dar lugar ao diabo.

▶ Os pensamentos são sinais no reino espiritual. Pensamentos malignos atraem espíritos demoníacos, como as moscas são atraídas pelos podres.

▶ O estado de nossa mente determina o estado de nossa vida.

▶ Para vencer a guerra espiritual, devemos nos arrepender de nutrir maus pensamentos, renunciar a eles, levá-los cativos à obediência de Cristo e orar continuamente no espírito.

▶ Por causa da vitória de Jesus sobre Satanás, hoje podemos estar livres das opressões mentais e de toda influência demoníaca em nossa mente.

Introdução ao Amor de Deus

OBJETIVOS

- Apresentar os discípulos ao amor de Deus
- Ensine-os a dar o amor de Deus aos outros

Este ensinamento foi recebido de Deus pelo apóstolo Guillermo Maldonado, com o propósito de transformar a vida daqueles que o recebem. O professor deve seguir os objetivos e o conteúdo de cada aula, **ensinando por 45 minutos e ministrando por 15 minutos**. Seguir estas instruções trará disciplina ao professor e mudanças radicais para todos.

Introdução ao Amor de Deus

Porque Deus amou o mundo de tal maneira que deu o seu Filho unigênito, para que todo aquele que nele crê não pereça, mas tenha a vida eterna. **João 3:16**

O que motiva o Pai a mover-se em favor da humanidade é o amor. Foi o Seu amor que o levou a enviar Jesus para procurar o que havia sido perdido. Quando Deus criou o homem, Ele o fez como uma expressão de Seu amor. o mesmo amor que o motivou a salvá-lo. É por isso que, desde o início, a mensagem é que Deus é amor. Essa era Sua intenção original.

E conhecemos e cremos no amor que Deus tem por nós. Deus é amor; e quem permanece no amor permanece em Deus, e Deus nele. **1 João 4:16**

Quando você fala sobre Deus, você está falando sobre amor. Deus tem poder, mas <u>Ele é amor</u>. Deus <u>não tem</u> amor, <u>Ele é</u> amor.

O amor é a mais alta expressão do próprio Deus. É a essência de quem Ele é.

O amor é a pessoa de Deus. Quem encontra o amor encontra Deus. Antes do início dos tempos, Deus era, é e sempre será amor. Ele é o originador do amor. Fora Dele, o amor não tem significado.

COMO É O AMOR DE DEUS?

O amor de Deus é diferente do que o homem normalmente chama de "amor". Nós "amamos" pessoas ou coisas que nos agradam. No entanto, o amor de Deus não é condicional ao objeto de Seu amor;

é incondicional. Deus mostra Seu amor buscando o nosso bem, não importa o sacrifício que isso exija.

DEUS NOS CHAMA AO AMOR

Porque esta é a mensagem que você ouviu desde o início: Que nos amamos uns aos outros. **1 João 3:11**

Deus nos chama a amar uns aos outros. O problema é que ninguém pode "amar" sem primeiro conhecer a Deus. Isso acontece porque o amor não pode ser encontrado em ninguém além de nosso Pai celestial. Por isso, a primeira coisa que devemos saber sobre Deus é que Ele é amor.

Quem não ama não conhece a Deus, pois Deus é amor.
1 João 4:8

Você não entenderá que Deus é bom, fiel, salvador, poderoso ou qualquer outra de Suas características divinas, até que tenha entendido que Deus é amor. Além disso, você nunca obterá o que Deus tem até saber quem Ele é, porque o amor de Deus existia antes de qualquer outra coisa criada. Então, se você quer poder, primeiro precisa aprender o que é o amor. Você ama a Deus pelo que Ele tem ou pelo que Ele é? Quando amamos a Deus por quem Ele é, Ele desamarra tudo o que tem. Seu poder é uma demonstração de Seu amor. Quando vemos uma cura, um milagre ou uma libertação feita pelo poder de Deus, estamos vendo uma manifestação de Seu amor.

Amor sem poder é simpatia, mas poder sem amor é apenas profissionalismo.

Cada um de nós é o produto do amor de Deus. Nenhum ser humano é um acidente. Você é ideia de Deus. Ninguém tem sua patente, apenas Deus. Portanto, a cura perfeita para a falta de identidade, insegurança, medo e baixa autoestima é o amor do Pai.

Qual tem sido o problema da igreja por séculos? A igreja falhou em tornar o amor de Deus conhecido em teoria, mas não levou as pessoas a ter uma experiência com esse amor. É impossível ter um encontro com o amor de Deus e não ser transformado.

---

*A Igreja deve a esta geração um
encontro com o amor do Pai.*

DEUS NOS AMOU PRIMEIRO

Nós o amamos, porque ele nos amou primeiro. **1 João 4:19**

Após a queda do homem no Éden, ninguém conheceu o amor verdadeiro, até que Jesus veio à terra. O Filho de Deus trouxe-nos o amor do Pai. Conhecer Seu amor nos inspirou a amá-Lo. Ninguém ama a Deus por sua própria iniciativa; nós O amamos porque Ele nos amou primeiro. O amor humano é sempre motivado pela ambição ou interesse próprio, sempre tem uma dose de egoísmo ou conveniência. Por essa razão, o incrédulo não conhece o amor de Deus. Isso faz com que ele não tenha a capacidade de dar amor. O que é pior, ele não sente falta; E isso faz sentido, porque você não pode perder o que nunca teve. Todo aquele que não nasce de novo carece do amor de Deus. Você pode ter e dar amor natural, humano, físico e sensorial, mas isso não é amor verdadeiro.

---

*Antes de podermos dar amor, devemos tê-lo
recebido de Deus, que é a fonte original.*

Deus nos amou primeiro para que compartilhássemos Seu amor. Sem o Seu amor, não poderíamos amar ninguém. Mas uma vez que Seu amor enche nossos corações, ele deve fluir para os outros. então os olhos do mundo serão abertos para conhecer a Deus.

Sabemos que passamos da morte para a vida, porque amamos nossos irmãos e irmãs. Aquele que não ama seu irmão permanece na morte. Todo aquele que odeia seu irmão é um assassino; e você sabe que nenhum assassino tem a vida eterna permanente nele. **1 João 3:14-15**

DEUS DERRAMA SEU AMOR NO
NOVO NASCIMENTO

E a esperança não se envergonha, porque o amor de Deus foi derramado em nossos corações pelo Espírito Santo que nos foi dado. **Romanos 5:5**

No novo nascimento, o homem é apresentado ao amor de Deus e sua vida é transformada. Quando experimentamos o amor de Deus, recebemos a capacidade de amar genuinamente. O amor de Deus não é conquistado, não é merecido, não é adquirido; Tudo o que temos a fazer é recebê-lo pela graça.

Uma vez que o amor do Pai foi derramado no coração de cada crente nascido de novo, não há mais desculpas para não amar. É hora de amadurecer no amor de Deus e começar a dá-lo aos outros, começando pela nossa família. Quantos pais nunca foram capazes de abraçar seus filhos e dizer-lhes que os amam? Se o amor de Deus foi derramado em seu coração, é hora de dar esse passo. Quantas crianças estão cheias de ressentimento em relação aos pais e não conseguem expressar amor por eles porque sentem que não merecem? Deus nos amou em nossa pior condição; Da mesma forma, devemos amar os outros, mesmo que acreditemos que eles não merecem.

O amor de Deus é incondicional e sobrenatural; Ele não precisa de uma razão para amar. Nem depende do que fazemos ou deixamos de fazer. Seu amor nunca falha. Deus nos ama e sempre nos amará. Hoje, o mundo espera a manifestação do amor de Deus através de nós. Quando o mundo nos vir manifestar o amor do Pai, certamente verá Deus.

O cristianismo se distingue das religiões porque se baseia no amor.

O AMOR NOS TORNA DIFERENTES

Um novo mandamento vos dou: Que vos ameis uns aos outros, como eu vos amei, que também vos ameis uns aos outros. Nisto conhecerão todos que sois meus discípulos, se vos amardes uns aos outros. **João 13:34-35**

Quando as pessoas virem o verdadeiro amor manifestado entre nós, elas acreditarão.

Amados, amemo-nos uns aos outros, porque o amor é de Deus. Todo aquele que ama é nascido de Deus e conhece a Deus. **1 João 4:7**

O mundo não acredita porque não vê o amor entre irmãos. Os crentes devem ser conhecidos por seu amor, não por seus dons, carisma, etc. Em muitas congregações, o cristianismo perdeu a essência do amor. O mundo rejeita a Deus porque há falta de amor na igreja. Se andássemos em amor, não haveria ofensas, feridas, contendas, rebeliões, divisões, ciúmes, inveja e assim por diante. Precisamos urgentemente voltar à origem de tudo: o amor.

Se alguém disser: 'Eu amo a Deus' e odiar seu irmão, é mentiroso. Pois aquele que não ama a seu irmão, a quem vê, como pode amar a Deus, a quem não vê? **1 João 4:20**

Uma pessoa que divide uma igreja não tem autoridade para falar do amor de Deus. Uma pessoa que prega o evangelho, mas não é movida pela dor do povo, não pode falar do amor de Deus. Um cristão que calunia seu irmão também não tem essa autoridade. Um crente que julga outro porque o vê caído não tem autoridade para falar do amor de Deus.

AMOR EM AÇÃO

Pois Cristo, sendo nós ainda fracos, morreu a seu tempo pelos ímpios. Certamente, dificilmente alguém morrerá por uma pessoa justa; no entanto, pode ser que alguns ousem morrer pelo bem. Mas Deus mostra o seu amor para conosco, em que Cristo morreu por nós, sendo nós ainda pecadores. **Romanos 5:6-8**

A humanidade viveu em uma condição caída. Ninguém fez o bem, ninguém buscou a Deus, mas mesmo assim, o Pai manteve Seu amor pela raça humana.

O tolo [espiritualmente ignorante] disse em seu coração: "Não há Deus". Eles são corruptos, cometeram atos repulsivos e atrozes; não há um único que faça o bem. O Senhor olhou do céu para os filhos dos homens para ver se há alguém que entenda (aja com sabedoria), que busque [verdadeiramente] a Deus [ansiando por Sua sabedoria e orientação]. Todos eles se separaram, juntos se corromperam; não há ninguém que faça o bem, nem mesmo um. **Salmos 14:1-3 (AMP)**

Aqui vemos que a atitude dos homens nos tempos antigos é a mesma da sociedade de hoje. Mas tanto nos tempos antigos quanto agora, Deus ama o homem. Você pode perguntar: Como um Deus tão santo ama o mundo e me ama? Há uma longa lista de pecadores, blasfemadores, mentirosos, bêbados, idólatras, fracos, rebeldes, adúlteros, imorais, religiosos, assassinos, covardes, fornicadores (e a lista continua), que rejeitam a Deus, mas Ele escolheu nos amar, não importa qual seja a nossa situação. Seu amor é incondicional.

Porque Deus amou o mundo de tal maneira que deu o seu Filho unigênito, para que todo aquele que nele crê não pereça, mas tenha a vida eterna. João 3:16

A primeira expressão do amor de Deus foi sacrificar o melhor que Ele tinha, Seu Filho unigênito.

Deus ama tanto a humanidade que deu Seu único Filho como sacrifício por nós, embora soubesse que somos todos pecadores. A cruz é o lugar onde Deus pensou em você e em mim. Este é o maior ato de amor para com a humanidade.

O BOM SAMARITANO

Jesus respondeu: "Um homem descia de Jerusalém para Jericó e encontrou ladrões, que o despojaram de suas roupas [e pertences], espancaram-no e seguiram seu caminho [sem preocupação], deixando-o meio morto. Por acaso, um padre estava descendo aquela estrada e, vendo-o, passou do outro lado. Também um levita desceu ao lugar, viu-o e passou para o outro lado. Mas um samaritano viajante (estrangeiro) correu para ele; e quando o viu, teve profunda compaixão [dele], e foi até ele e enfaixou suas feridas, derramando óleo e vinho sobre elas [para aliviar e desinfetar as feridas]; e ele o colocou em seu próprio animal de carga, e o levou para uma estalagem e cuidou dele. No dia seguinte, ele tirou dois denários (dois dias de salário) e os deu ao estalajadeiro, dizendo: "Cuide dele; e o que você gastar demais, eu lhe devolverei quando voltar. Qual desses três você acha que provou ser o vizinho do homem que encontrou os ladrões?" Ele respondeu: "Aquele que lhe mostrou compaixão e misericórdia". Então Jesus lhe disse: "Vá e faça o mesmo sempre". Lucas 10:30-37 (AMP)

Vejamos a atitude de cada um:

- **O sacerdote** é aquele que está diante de Deus pelo povo. Mas, neste caso, ele não teve compaixão e não estava interessado no destino do homem ferido. Eu não tinha amor para dar.

- **O levita** é aquele que ajuda o sacerdote a cumprir seus deveres. Os levitas foram separados para servir a Deus e foram dedicados ao cuidado do Templo. Quando este levita viu o homem ferido, ele passou. Eu não tinha amor para dar.

- **O samaritano** era um estrangeiro que estava viajando. Os samaritanos faziam parte das tribos de Israel, mas devido a uma conquista do império assírio, acabaram se misturando com outras nações. Por esta razão, os judeus os rejeitaram e os consideraram como cães. No entanto, ele se identificou com o sofrimento do homem ferido e teve compaixão.

A compaixão é um aspecto do amor de Deus. O samaritano pode não ter conhecido muito da Bíblia, mas andou em amor. O amor atende às necessidades daqueles ao seu redor.

A partir disso, sabemos [e chegamos a entender a profundidade e a essência de seu precioso amor]: que ele [voluntariamente] deu sua vida por nós [porque nos amou]. E devemos dar nossas vidas pelos crentes. Mas aqueles que têm os bens do mundo (os recursos certos) e vêem seu irmão necessitado, mas não têm compaixão dele, como o amor de Deus vive nele?
1 João 3:16-17 (AMP)

Uma verdade visível deve ter uma manifestação visível no reino natural. O amor não pode ser assumido; tem que ser demonstrado e expresso fisicamente, verbalmente e emocionalmente por meio de ações.

AME SEUS IRMÃOS COMO CRISTO

Então o Rei dirá aos que estiverem à sua direita: "Vinde, benditos de meu Pai [favorecidos por Deus, destinados à salvação eterna], possuí por herança o reino que vos está preparado desde a fundação do mundo. Pois tive fome, e me destes de comer; Tive sede, e me destes de beber; Eu era um estranho, e você me convidou para entrar; Eu estava nu, e tu me vestiste; Eu estava doente, e vocês me visitaram [com ajuda e cuidado ministerial]; Eu estava na prisão e você veio me ver [ignorando o perigo pessoal]." Então os justos lhe responderão: 'Senhor, quando te vimos com fome, e te demos de comer, ou com sede, e te demos de beber? E quando te vimos como um estranho, e te convidamos para entrar, ou nu, e te vestimos? E quando te vimos doente, ou na prisão, e viemos ter contigo?" O Rei lhes responderá e lhes dirá: 'Em verdade vos digo e vos digo muito solenemente, visto que o fizestes a um destes meus irmãos mais pequeninos, mesmo que fosse o menor destes, a mim o fizestes'.

Então ele dirá aos que estiverem à sua esquerda: "Deixem-me, malditos, no fogo eterno que foi preparado para o diabo e seus anjos (demônios); porque tive fome, e não me destes de comer; tive sede, e não me destes de beber; Eu era um estranho, e você não me convidou para entrar; Eu estava nu, e você não me vestiu; doente e na prisão, e não me visitastes [com ajuda e cuidados ministeriais]." Então eles também responderão: 'Senhor, quando te vimos com fome, ou com sede, ou como estrangeiro, ou nu, ou doente, ou na prisão, e não te importamos?' Então Ele lhes responderá: "Eu lhes asseguro e lhes digo solenemente que, se não o fizestes a um destes pequeninos, a mim não o fizestes". Então esses [incrédulos] irão para o castigo eterno (sem fim), mas aqueles que são justos e têm bom relacionamento com Deus [irão, por Sua notável graça] para a vida eterna (sem fim).
Mateus 25:34-46 (AMP)

O amor de Deus nos leva à compaixão para alimentar os famintos, dar de beber aos sedentos, acolher o estrangeiro, vestir os nus, visitar e orar pelos doentes, visitar os presos, colocar cativos os que estão cativos pelo inimigo e servir ao próximo. Devemos compartilhar com todos, mas fazê-lo de maneira tangível, dando-lhes o amor que Deus nos dá.

PERGUNTAS FINAIS

- Qual foi a motivação do Pai ao criar o ser humano?

- O que acontece com o amor de Deus quando uma pessoa recebe Cristo em seu coração?

- O que um cristão deve fazer depois de receber o amor de Deus?

- O que diferencia o cristianismo das religiões?

- Como podemos mostrar o amor de Deus aos outros?

ATIVAÇÃO

- O professor levará os discípulos a orar por aqueles que perderam seu primeiro amor por Deus (porque foram feridos, viram erros na igreja ou colocaram os olhos no homem), para que possam ser renovados nesse amor (Apocalipse 2:4).

- O mestre ministrará aos discípulos criando uma atmosfera para que o amor de Deus seja derramado sobre eles de forma sobrenatural e eles receberão um batismo de amor.

TAREFA

- Examine os seguintes pontos importantes da aula:

  ▸ Deus criou o homem por amor, e por amor Ele também o salvou. Ele é a fonte original do amor.

  ▸ Deus nos chama para amar uns aos outros, independentemente das falhas e erros que temos.

  ▸ Deus nos amou primeiro, e com Seu amor podemos amá-Lo e amar outras pessoas.

  ▸ O amor de Deus é derramado sobre o crente no novo nascimento.

  ▸ O amor de Deus é o que nos distingue do mundo e das religiões.

  ▸ O amor é demonstrado por ações; por exemplo, visitar os doentes ou os presos, alimentar os famintos, vestir os nus, servir as pessoas, orar por milagres.

  ▸ O amor é demonstrado de forma tangível, dando carinho física e verbalmente.

- Leia 1 Coríntios capítulo 13 em sua Bíblia e reflita sobre "a preeminência do amor".

CLASSE 3

Servos de Deus e do Homem

OBJETIVOS

- Para que os discípulos saibam que o caminho bíblico para a liderança é o serviço

- Que compreendam o valor do serviço e se comprometam a ser servos de Deus e de todos

Este ensinamento foi recebido de Deus pelo apóstolo Guillermo Maldonado, com o propósito de transformar a vida daqueles que o recebem. O professor deve seguir os objetivos e o conteúdo de cada aula, **ensinando por 45 minutos e ministrando por 15 minutos**. Seguir estas instruções trará disciplina ao professor e mudanças radicais para todos.

Servos de Deus e do Homem

O serviço é um dos tópicos mais negligenciados na igreja contemporânea. Na verdade, acho que muitas pessoas têm uma atitude negativa em relação à ideia de ser um servo. A sociedade, faculdades, faculdades e universidades fizeram lavagem cerebral em nossos jovens para um pensamento egoísta. Todo o currículo de estudos é orientado para como se desenvolver, como se expressar, como se aceitar, como se promover; e na igreja de Cristo acontece a mesma coisa. A maioria dos livros é voltada para isso, promovendo o egoísmo, não o serviço aos outros.

> *Olhe para uma pessoa egoísta e você encontrará uma pessoa insatisfeita. Não há nada no ego que o satisfaça completamente.*

Muitos crentes estão procurando algo novo; Novos ensinamentos, novas revelações, mas eles nunca se preocupam em servir. Assim que são solicitados a se comprometer, eles se mudam para outra igreja. Eles estão insatisfeitos porque vivem focados em si mesmos e no que podem receber; nunca no que eles podem dar.

QUEM É UM SERVO OU SERVIDOR?

Existem duas palavras gregas usadas no Novo Testamento para se referir a um servo:

Diakonos: É daí que vem a palavra inglesa "diácono". Diakonos significa aquele que ministra, para ser um servo, um assistente ou aquele que serve mesas. A ideia de ser um diácono é:

- Sirva aos convidados.

E ele tocou-lhe a mão, e a febre a deixou; e ela se levantou, e os servia. **Mateus 8:15**

- Para aliviar e suprir as necessidades dos outros.

Então eles também lhe responderão, dizendo: "Senhor, quando te vimos com fome, sede, forasteiro, nu, doente ou na prisão, e não te servimos?" **Mateus 25:44**

- Ajudar, de uma maneira geral, em qualquer coisa que possa servir aos interesses dos outros.

Doulos: É uma palavra mais forte, porque dá a ideia de:

- Ser escravo ou estar sujeito à servidão.

*Portanto, estando livre de todos, tornei-me **servo** de todos, para ganhar um número maior.* **1 Coríntios 9:19**

O apóstolo Paulo voluntariamente se tornou escravo dos coríntios. Ele usa a palavra doulos porque essa era a atitude com a qual servia aos cristãos.

A BÍBLIA E O SERVIÇO

Na Bíblia, encontramos três princípios importantes sobre o serviço:

1. Ser um servo é uma tarefa divina

Na Bíblia, Deus Pai se refere a Seu Filho Jesus como Seu servo:

Eis aqui o meu servo, a quem escolhi, o meu amado, em quem a minha alma se compraz; porei sobre ele o meu Espírito, e ele proclamará juízo aos gentios. **Mateus 12:18**

- **Jesus se referiu a Si mesmo como um servo**

Assim como o Filho do Homem não veio para ser servido, mas para servir e dar a sua vida em resgate por muitos. **Mateus 20:28**

Jesus identificou-se com a humanidade, por isso foi chamado filho do Homem. Como tal, ele não veio para ser servido, mas para servir. Isso nos deixa com um padrão claro a seguir. O espírito de Jesus era de serviço. Qualquer um que tenha esse espírito terá a mesma atitude, porque essa é a marca da natureza divina. De fato, no céu, Ele continua a nos servir como Sumo Sacerdote.

O espírito de serviço não começa com a humanidade, mas com Deus. Não começou com o tempo cronológico, mas na eternidade.

- **Os anjos também são servos**

Não são todos eles espíritos ministradores, enviados para o serviço em favor daqueles que serão herdeiros da salvação? **Hebreus 1:14**

Deus tem anjos que vêm nos servir em tempos de dificuldade. Por exemplo, os anjos trouxeram comida para o profeta Elias e lhe deram força sobrenatural quando ele estava cansado, assustado e deprimido por causa de ameaças contra sua vida por uma rainha má (1 Reis 19). Enquanto Jesus jejuava no deserto por 40 dias, anjos vieram ministrar a Ele (Marcos 1:13). Se os anjos de Deus servem, como há pessoas que consideram que servir a Deus e a seus irmãos e irmãs é rebaixar-se, e que isso não é para elas?

2. **O serviço é o caminho para a liderança**

Deus nunca pega uma pessoa e imediatamente a coloca em uma posição de liderança. Primeiro ele o coloca para servir. Quando a mãe de dois discípulos de Jesus veio diante Dele para exigir que seus filhos tivessem um lugar privilegiado no céu, Jesus respondeu: *"Você não sabe o que pede..."* **(Mateus 20:22).** Então chamou todos os discípulos e disse-lhes:

Sabeis que os governantes das nações os dominam, e os grandes exercem poder sobre eles. Mas não será assim entre vós, mas quem quiser tornar-se grande entre vós deve ser vosso servo, e quem quiser ser o primeiro entre vós deve ser vosso servo; como o Filho do Homem não veio para ser servido, mas para servir e dar a sua vida em resgate por muitos. **Mateus 20:25-28**

Havia um problema entre os discípulos de Jesus porque dois deles queriam ocupar um lugar de privilégio acima dos outros. Mas, observe que Ele não os repreendeu por quererem ser líderes, mas os instruiu e ensinou como se tornar um líder no reino de Deus.

▸ Se você quer ser grande, você tem que ser um servo (diakonos)

▸ Se você quer ser o primeiro, você tem que ser um escravo (doulos)

Quanto mais alto você quiser ir no Reino, mais baixo você deve começar. Se ele quer ser o maior, ele deve ser um servo: servindo mesas, atendendo às necessidades das pessoas e estando disposto a ajudar os outros. Mas se ele quer ser o primeiro, ele tem que ser um escravo de todos. Na política de hoje, esse cargo é conhecido como "primeiro-ministro", ou seja, o primeiro servo de todos. Um ministro do evangelho deve seguir o mesmo caminho, pois é a maneira mais pura de influenciar os discípulos. Em suma, podemos dizer que o caminho para cima começa na parte inferior. É por isso que esta mensagem não é muito popular nas igrejas modernas.

Em nosso ministério há jovens que servem ao meu lado como escudeiros. A razão pela qual permito isso é porque posso treiná-los pessoalmente em serviço. Se eu não deixar esses jovens servirem, estou negando a eles o caminho para a promoção e liderança.

Não há outra maneira de ser promovido no Reino a não ser por meio do serviço.

O Espírito Santo forma discípulos por meio de um homem de Deus experiente. Eu também comecei meu caminho para a liderança servindo meus pastores, bem como meu pai espiritual, o apóstolo Ronald Short. E continuo a fazê-lo até hoje. Como você se comporta com as pessoas ao seu redor; Você os serve ou espera que eles o sirvam? Como você se comporta em sua casa; Você serve seu cônjuge e filhos, ou espera que eles façam tudo por você? Você está ensinando seus filhos a servir ou está criando pessoas que verão o serviço como humilhante?

Serviço por meio de talentos

A Bíblia enfatiza o serviço a Deus e aos irmãos como um princípio fundamental do Reino. Jesus usou uma parábola para nos ensinar como usar os talentos que Deus nos deu.

Pois o reino dos céus é semelhante a um homem que foi para longe, chamou seus servos e lhes deu seus bens. A um deu cinco talentos, e a outro dois, e a outro, a cada um, segundo a sua capacidade; e então ele foi embora. E aquele que recebera cinco talentos foi, negociou com eles e ganhou outros cinco. Da mesma forma, aquele que recebeu dois também ganhou outros dois. Mas aquele que o recebera foi, cavou a terra e escondeu o dinheiro de seu senhor. Depois de muito tempo, o mestre daqueles servos veio e acertou contas com eles. E veio aquele que tinha recebido cinco talentos, e trouxe mais cinco, dizendo: Senhor, tu me deste cinco talentos; Aqui está, eu ganhei cinco outros talentos sobre eles. E seu senhor lhe disse: "Muito bem, servo bom e fiel; foste fiel no pouco, eu te farei governar sobre muitas coisas; entra no gozo do teu Senhor. E aquele que havia recebido dois talentos veio e disse: "Senhor, você me deu dois talentos; Aqui está, eu ganhei dois outros talentos sobre eles. Seu senhor lhe disse: "Muito bem, servo bom e fiel; foste fiel no pouco, eu te farei governar sobre muitas coisas; entra no gozo do teu Senhor. **Mateus 25:14-23**

Aqui vemos que o Senhor usou as mesmas palavras de afirmação para aquele que deu dez talentos e para aquele que deu quatro. Porque não se trata de ver quanto é o lucro, mas o que fizemos com o que recebemos. Os dois ganharam cem por cento! Mas o que aconteceu com aquele que recebeu apenas um talento? Vamos continuar lendo Mateus 25.

Mas também veio aquele que tinha recebido um talento e disse: "Senhor, eu sabia que és homem duro, que ceifas onde não semeaste e ajuntas onde não espalhaste; por isso tive medo, e fui esconder o teu talento na terra; eis o que é teu" **(vv.24-25).**

O terceiro homem enterrou o talento por medo de perdê-lo. Assim, há muitos crentes, que enterram seu talento por medo. Deus vai responsabilizá-los. O corpo de Cristo está sofrendo uma grande perda, porque eles pensam que não têm nada para dar.

O próprio Mateus narra a resposta de Jesus:

Seu senhor respondeu e disse-lhe: "Servo mau e negligente, você sabia que colho onde não semeei e que colho onde não espalhei. Portanto, você deveria ter dado meu dinheiro aos banqueiros e, quando eu viesse, teria recebido o que é meu com juros **(vv.26-27).**

Como essa parábola se relaciona com os dons de Deus para servir? Para os dois primeiros servos, a recompensa se traduz em maiores responsabilidades dentro do Reino, mas a punição atingirá o servo passivo e negligente que não soube usar seu talento, muito menos se multiplicar.

O modelo de Paulo no Novo Testamento

Porque não nos pregamos a nós mesmos, mas a Jesus Cristo como Senhor, e a nós como vossos servos por amor de Jesus. **2 Coríntios 4:5**

Paulo coloca isso em três etapas:

▸ Não se promova (não seja egoísta, não persiga o seu próprio)

▸ Pregar Jesus Cristo (exaltar o Seu nome)

▸ Servir o povo de Deus

Antes de vir a Jesus, Paulo havia sido educado pelos melhores instrutores de sua época; Ele era considerado um fariseu dos fariseus e conhecido por ser zeloso pelas tradições judaicas. Este homem diz ao povo de Corinto: *"Eu sou seu escravo"*. Vamos ver que tipo de pessoas eram os coríntios:

Não sabeis que os injustos não herdarão o reino de Deus? Não erre; nem os devassos, nem os idólatras, nem os adúlteros, nem os efeminados, nem os que se deitam com os homens, nem os ladrões, nem os avarentos, nem os bêbados, nem os caluniadores, nem os vigaristas herdarão o reino de Deus. E estes eram alguns de vocês; mas já fostes lavados, fostes santificados, fostes justificados em nome do Senhor Jesus e pelo Espírito do nosso Deus. **1 Coríntios 6:9-11**

Para essas pessoas, Paulo, que já foi um orgulhoso rabino judeu, disse: "Somos seus escravos". Você pode dizer isso ao povo de Deus? Para seus filhos? Você será capaz de dizer isso para as pessoas que você discipular no futuro?

3. O serviço é eterno

E não haverá mais maldição, e o trono de Deus e do Cordeiro estará nela, e os seus servos a servirão. **Apocalipse 22:3**

46

Este versículo nos diz como será o estado das coisas na eternidade, onde não haverá mais maldições, e o trono do Pai e do Filho estará na Nova Jerusalém. Ali, "os seus servos o servirão". Uma das coisas que sempre digo a Deus, mesmo mais de trinta anos depois de tê-Lo recebido como meu Senhor e Salvador, é que O servirei até meu último suspiro de vida aqui na terra; e lá no Céu, peço a Ele que me deixe continuar a servi-Lo. Não tire esse privilégio de mim, Senhor!

A melhor coisa sobre servir a Deus na terra será continuar servindo-O na eternidade.

QUAL É A RECOMPENSA POR SERVIR A DEUS E AO SEU POVO?

E os seus servos o servirão, e verão o seu rosto, e o seu nome estará nas suas testas. **Revelação 22:3-4**

Que privilégio ser servo e oferecer nosso serviço a Deus e a Seus filhos! Eu não acho que você tenha percebido o poder deste versículo. Até agora ninguém viu o rosto de Deus! Porque ver a face de Deus será o clímax da redenção.

CONCLUSÃO

Deus está nos convidando a servir, sem distinção, pessoas de todas as raças e classes sociais, pessoas rejeitadas, pessoas comuns, pobres, sem-teto e marginalizados.

Por causa da visão que Deus nos deu, nosso ministério levantou pessoas com corações sempre prontos para servir. Eles servem as mesas, aliviam a dor das pessoas, suprem as necessidades e o fazem com alegria; cada um com seu próprio talento.

Quero terminar fazendo uma pergunta. Peço que você pense cuidadosamente sobre sua resposta e reflita antes de tomar uma decisão. Você quer ser um servo de Deus, de agora em diante e para sempre?

PERGUNTAS FINAIS

- O que significa a palavra grega diakonos?

- Quais são os três princípios bíblicos sobre o serviço?

- Qual é o caminho para a liderança e em que direção ela começa?

- Com o que devemos servir a Deus e aos filhos de Deus?

- Qual é a recompensa do serviço?

ATIVAÇÃO

- Em meio à adoração, o mestre levará os discípulos a tomar a decisão —com os anjos como testemunhas— de se tornarem servos de Deus e do homem.

TAREFA

- Examine os seguintes pontos importantes da aula:

  ▸ Existem dois níveis de serviço: Tornar-se servo (diakonos) e tornar-se escravo (doulos).

  ▸ Os três princípios bíblicos sobre o serviço são:

    ▸ Servir é uma tarefa divina

    ▸ O serviço é o caminho para a liderança

    ▸ O serviço é eterno

- A recompensa por servir a Deus e ao Seu povo é que veremos Deus, face a face.

- Complete o tópico da aula lendo o Evangelho segundo João, capítulo 12, versículos 20-26 em sua Bíblia.

Um compromisso com Deus

OBJETIVOS

- Trazer conhecimento sobre o poder do compromisso

- Quebrar as desculpas que impedem o compromisso

- Levar os discípulos a se comprometerem com Deus, com o homem de Deus e com a visão

Um compromisso com Deus

A maioria dos crentes se considera seguidores de Cristo, embora não estejam realmente comprometidos com Deus ou com Sua visão. Nessas condições, dificilmente poderíamos considerá-los visitantes da igreja. Especialmente os jovens que vão às igrejas costumam ser casuais, indiferentes às coisas divinas e às necessidades de seus semelhantes, porque sabem que o compromisso envolve entrega e sacrifício, e não estão dispostos a dar isso. Muitos cristãos querem tudo em troca de nada. Eles anseiam por gratificação instantânea, direitos sem responsabilidades, sucesso sem sacrifício, sexo sem casamento, riqueza sem riscos de investimento... Eles vão trabalhar, mas não se comprometem com a visão de quem os emprega; eles só querem receber o cheque. Eles vão à igreja e querem todos os benefícios (especialmente a libertação), mas não aceitam compromissos, muito menos sacrifícios. É assim que age o espírito desta era.

Nisto conhecemos o amor, no qual ele deu a sua vida por nós; nós também devemos dar a nossa vida pelos nossos irmãos. Mas aquele que tem os bens deste mundo e vê seu irmão necessitado, e fecha seu coração contra ele, como habita nele o amor de Deus? **1 João 3:16-17**

O QUE É COMPROMISSO?

Para nós, compromisso é entregar-se completamente a uma causa, pessoa ou visão; é entregar-se a Deus; é dedicação, consagração, dedicação; é dar nosso tempo, energia e recursos Àquele em quem acreditamos. O oposto do compromisso é ser casual, indiferente, passivo e espiritualmente morno. O espírito desta época produziu um cristianismo superficial, conveniente, amigável, adaptado às preferências e confortos do crente. Dessa forma, quando alguém é apaixonado por Deus, eles o desqualificam como fanático. Para aqueles que são influenciados pelo espírito desta era, Deus não é uma prioridade, mas uma conveniência momentânea.

E ele escreve ao anjo da igreja em Laodicéia: "Eis o Amém, a testemunha fiel e verdadeira, o princípio da criação de Deus, assim ele diz: Conheço as tuas obras, que não és frio nem quente; quem dera que fosses frio ou quente!" **Apocalipse 3:14-15**

Não existe estar meio comprometido com Deus. Ou você está comprometido com Deus ou com o diabo. Ele dá sua vida para ganhar o reino de Deus ou dá sua vida pelo mundanismo. A quem ele está dando sua vida? A quem você está dando seus recursos, energias e dinheiro? Quando uma pessoa gasta em drogas, bebidas alcoólicas ou pornografia, isso mostra seu compromisso. Certifique-se de estar comprometido com a causa e a visão certas.

O que você investe tempo e dinheiro é onde está o seu compromisso.

DEUS QUER QUE VOCÊ SE COMPROMETA

Não fostes vós que me escolhestes, mas eu vos escolhi a vós, e vos designei para irdes e dardes fruto, e o vosso fruto para permanecer, para que tudo o que pedirdes ao Pai em meu nome, ele vo-lo dê. **João 15:16**

Está disponível para Deus? Não importa quantos dons e talentos você tenha, você não será útil a Deus se não se comprometer. Às vezes, as pessoas mais casuais são muito talentosas. Eles confiam tanto em seus talentos que os usam para se camuflar e esconder sua falta de compromisso. Outros servem na igreja até conseguirem o que querem. Eles fazem as coisas por conveniência e quando não é mais conveniente para eles, abandonam suas responsabilidades.

Em qualquer relacionamento, a responsabilidade mostra nosso nível de comprometimento.

Não espere ser recompensado por cumprir suas responsabilidades. Compromisso é mais do que apenas se envolver e querer fazer algo;

é dar o coração, a alma e o corpo. Os tempos em que vivemos exigem compromisso com Deus. Não podemos continuar brincando de igreja!

COMPROMISSO E A LEI DA TROCA

Ou que recompensa dará o homem por sua alma? **Marcos 8:37**

É impossível desenvolver um relacionamento forte com Deus sem compromisso; nem podemos entrar em um relacionamento sem reciprocidade. Se você quer a bênção, o favor, a proteção e a prosperidade de Deus, mas não quer dar nada a Ele, não há relacionamento aí. Como membro da igreja, seu nível de comprometimento determinará seu direito de receber. É simples, você não pode sacar dinheiro de uma conta bancária onde nenhum depósito foi feito. Se você não se comprometer, como espera receber? Quanto mais tempo você vier à igreja sem se comprometer, mais tempo levará para que a bênção de Deus venha.

Você está dando tanto quanto recebe em seu casamento, em seu trabalho, em seu relacionamento com Deus, em seu serviço? Faça as contas, adicione tudo o que você está dando a um relacionamento e adicione tudo o que você recebe dele. O resultado será o seu nível de comprometimento. Se você não estiver disposto a dar tanto quanto recebe, esse relacionamento não durará.

Algumas pessoas recebem as migalhas da mesa do mestre, mas não recebem o pão dos filhos porque não estão comprometidos (ver Mateus 15:27). Pare de dar desculpas. O tempo continua a passar. Do que você mais se arrepende em sua vida? O que teria acontecido se ele tivesse se comprometido com Deus? Ele não vai gostar de morrer sabendo que nunca se comprometeu com Ele. Há pessoas que vão ao altar para receber Jesus, rezam a oração da fé, mas não se comprometem. Há tantas bênçãos, promessas, profecias, chamados e propósitos estagnados, porque as pessoas não se comprometem!

Você nunca terá tudo o que deseja, porque isso requer um nível de compromisso que você não está disposto a assumir.

Talvez você devesse estar em um nível mais alto do que está agora, mas nunca se comprometeu com Deus, com sua família, com seus estudos ou com seu trabalho. Há quem pense que estou onde estou porque tive sorte. O que eles não sabem é que, enquanto outros estão praticando um esporte, eu estou orando. Enquanto outros assistem televisão, estou estudando. Enquanto alguém está no restaurante, estou jejuando. Estou comprometido com Deus, com Seu povo e com o chamado de Deus.

QUAIS SÃO AS DESCULPAS PARA NÃO SE COMPROMETER?

Um homem fez uma grande ceia e convidou muitos. E na hora do jantar ele enviou seu servo para dizer aos convidados: "Vinde, pois tudo está pronto". E todos eles juntos começaram a se desculpar. **Lucas 14:16-18**

- **A desculpa do negócio**

O primeiro disse: "Comprei uma fazenda e preciso ir vê-la; por favor, desculpe-me". **Lucas 14:18**

- **A desculpa do trabalho ou do negócio**

Outro disse: "Comprei cinco juntas de bois e vou experimentá-las; por favor, desculpe-me". **Lucas 14:19**

- **A desculpa da família**

E outro disse: "Acabo de me casar e, portanto, não posso ir." **Lucas 4:20**

- **A desculpa do tempo**

Muitos dizem que não têm tempo para se comprometer com Deus, mas têm tempo para outras atividades que deveriam ser secundárias. Deus merece ser o primeiro em nossas vidas. O problema não é a falta de tempo, mas a desordem em nossas prioridades.

A ORDEM DOS NOSSOS COMPROMISSOS

1. Seu primeiro compromisso é com Deus

O Deus que nos deu a vida tem o direito de esperar um retorno sobre o que investiu. Jesus exige compromisso porque Ele é nosso dono, que nos comprou ao preço de sangue. Esse compromisso inclui todas as áreas: pessoal, familiar, tempo e finanças. Ele quer ser o primeiro em tudo.

sabendo que fostes resgatados do vosso vão modo de vida, que recebestes de vossos pais, não com coisas corruptíveis, como ouro ou prata, mas com o precioso sangue de Cristo, como de um cordeiro imaculado e imaculado. **1 Pedro 1:18-19**

Tudo o que Deus fez na terra exigiu o compromisso de um homem.

---

2. Compromisso com a família

Maridos, amem suas esposas, assim como Cristo amou a igreja e se entregou por ela. **Efésios 5:25**

Se você só ama sua família quando tudo está indo bem, você não terá sucesso. Não importa o quão difícil seja, ela deve se comprometer com seus membros, com sua dor, seu sofrimento, suas decepções, seus momentos baixos e seus triunfos. Esse compromisso não depende de um sentimento, mas do amor e da graça do Senhor.

3. Compromisso com o homem de Deus

Toda visão dada por nosso Pai celestial requer compromisso com o homem de Deus que a realiza. Quando alguns dizem que servem ao Senhor, não ao homem, estão errados. Se você está comprometido com Deus, você também deve se comprometer com aquele que realiza Sua visão.

Pois Deus não é injusto em esquecer seu trabalho e o trabalho de amor que você demonstrou para com o seu nome, tendo servido aos santos e ainda os servindo. **Hebreus 6:10**

4. Compromisso com a visão da casa

Esta geração costuma ir à igreja apenas nos domingos de manhã, para receber. Poucos são os que vão dar! Eles não sacrificam nada pela visão ou pela igreja, porque tudo o que buscam é receber. Qualquer relacionamento em que alguém recebe mais do que dá acabará morrendo; essa é a lei.

> *Se não houver reciprocidade em um relacionamento, ele não durará.*

Há pessoas que dirigem seus carros por quilômetros para chegar a esta casa para adorar e servir. Há outro que mora em frente à igreja e não vem. Conheço uma mulher que pegou o ônibus por oito anos, de West Palm Beach, Flórida, para vir e servir. porque ela estava completamente comprometida com a visão de Deus. Também conheço casos de pessoas que estão "muito comprometidas", até que sua bênção chegue. Então eles dizem: "Meu tempo aqui acabou". Isso acontece porque eles têm uma agenda pessoal. Para que você comece a perseguir seu propósito e chamado, você precisa estar disposto a passar pelo processo de visão, aqui, onde Deus o plantou.

Que te farei, Efraim? Que te farei, ó Judá? Sua piedade é como a nuvem da manhã e como o orvalho da manhã, que se desvanece.
Oséias 6:4

> *Uma igreja é tão forte quanto o compromisso de seus membros.*

O que esta igreja pode esperar de você? Podemos esperar seu compromisso com esta casa e com a visão que Deus deu ao nosso apóstolo? Será um ativo que todos querem ter, ou um passivo que toda a congregação rejeita? Você vem apenas para receber ou tem algo que pode dar?

5. Compromisso com seu propósito e vocação

Não conheci uma pessoa de sucesso que não tenha se comprometido. Um filho de Deus deve primeiro investir no propósito, chamado e visão de outra pessoa, antes de pedir às pessoas que invistam nos seus. Se você não se comprometer com o propósito dado por Deus, nada acontecerá.

> *A visão não se materializará até que você se comprometa.*

Eis que aquele cuja alma não é reta é orgulhoso, mas o justo viverá pela sua fé. **Habacuque 2:4**

Deus não pede que você seja o homem mais talentoso ou o mais brilhante, mas Ele exige que você esteja comprometido. Nem você pode pedir aos outros que invistam em seu propósito pessoal se você não for o primeiro a fazê-lo. Ao se comprometer com seu propósito, você receberá grande retorno e recompensa, porque estará investindo em algo de valor eterno.

CONSEQUÊNCIAS DA FALTA DE COMPROMISSO

1. Nós vamos escorregar

A falta de compromisso nos leva a perder a estabilidade em qualquer área de nossas vidas. Pode ser em nosso relacionamento com Deus, com nossa família, serviço na igreja, sucesso nos negócios ou na escola. Assim que desistimos do nosso compromisso, começamos a voltar aos velhos hábitos.

2. Nosso amor vai esfriar

O amor a Deus, nossa família e amigos esfria quando não nos comprometemos. As pessoas ao nosso redor percebem que nos tornamos apáticos e indiferentes às suas vidas e a tudo o que pode acontecer.

3. Vamos limitar nosso crescimento

Qualquer atividade que realizamos precisa ser alimentada e trabalhada de forma contínua e persistente. A falta de compromisso limita nosso crescimento como igreja, empresa, família e a leva à falência.

4. Viveremos em "modo de manutenção"

Quando não nos comprometemos, por exemplo, com nossa família, trabalhamos automaticamente. Estamos juntos, mas nosso coração não está lá. Tornamo-nos pais ou maridos ausentes em nossa própria casa e nossos filhos não contam conosco.

5. Vamos produzir fogo estranho

Deus não recebe adoração de uma pessoa não comprometida. Ele o percebe como um fogo estranho ou profano (ver Levítico 10:1; Mateus 7:23).

6. Deus não vai se comprometer conosco

Quando nos comprometemos com Deus —em serviço, oração e relacionamento— Ele se compromete conosco; Ele antecipa nossas necessidades e derrama Suas bênçãos. Deus não vai se revelar ou se manifestar àqueles que não se comprometem com Ele.

CONCLUSÃO

Como você verá, Deus não deve ser brincado. Não é uma questão de dizer a Deus que Ele te ama, receber Seus milagres e depois continuar sua vida dissipada. Deus não é uma religião, não é uma filosofia de vida, nem uma simples ideologia. Ele é uma pessoa real que exige uma relação de compromisso com aqueles que o procuram. Na verdade, Ele começou a dar o melhor, o maior, o mais precioso, o mais valioso, quando deu Seu Filho unigênito para nos resgatar da escravidão do pecado e da morte eterna. Ele tem bênçãos inesgotáveis para cada um de nós, mas exige compromisso de nossa parte. Deus não dá ou recebe nada pela metade. Ele não está disposto a nos compartilhar com o mundo, com o pecado ou com a tibieza espiritual. Se você quer tudo de Deus, o desafio de hoje é se entregar completamente a Ele.

PERGUNTAS FINAIS

- Qual é o significado de compromisso?

- Como funciona a lei da troca em relação ao compromisso?

- Cite algumas das desculpas que as pessoas dão para não se comprometer.

- Por que você acha que nosso primeiro compromisso deve ser com Deus?

- Por que devemos nos comprometer com o homem de Deus e a visão da casa?

ATIVAÇÃO

- O professor levará os discípulos a se arrependerem de sua falta de compromisso, pois isso é um pecado diante de Deus (é desprezar a morte de Jesus e o preço de sangue que Ele pagou).

- Então, ele os levará a fazer uma aliança de compromisso com Deus, com a visão da casa ERJ e com o homem de Deus.

  Reúnam-se a mim, meus santos, que fizeram uma aliança comigo com sacrifício. **Salmos 50:5**

  Em uma aliança, nos comprometemos com todo o nosso ser. Não há pactos indiferentes.

  Rogo-vos, pois, irmãos, pela compaixão de Deus, que apresenteis os vossos corpos em sacrifício vivo, santo e agradável a Deus, que é o vosso culto racional. **Romanos 12:1**

- Por fim, Ele os instruirá a assumir um compromisso com sua família e seu chamado.

TAREFA

- Examine os seguintes pontos importantes da aula:

  ▶ Compromisso é dar a vida (tempo, recursos, energia, dinheiro) por uma causa.

  ▶ Onde quer que Deus nos envie é para nos comprometermos e servirmos.

  ▶ O compromisso funciona sob a lei da troca.

  ▶ A bênção de Deus está sujeita ao nosso compromisso com Ele.

  ▶ As desculpas mais comuns para não se comprometer são: negócios, trabalho, família e falta de tempo.

  ▶ Nosso compromisso deve ser, primeiro com Deus e depois com nossa família. A partir daí, o homem de Deus segue, a visão da casa, e seu chamado e propósito.

▸ As consequências da falta de compromisso são: 1) Escorregaremos, 2) nosso amor esfriará, 3) limitaremos nosso crescimento na igreja, nos negócios, na família, no trabalho, 4) funcionaremos no "modo de manutenção", 5) produziremos fogo estranho e 6) Deus não se comprometerá conosco.

● Para leitura complementar, procure em sua Bíblia, 1 Reis 19:19-21 e 2 Reis, capítulo 2. Deus falará ao seu coração através desses versículos.

Para ver o catálogo completo de livros, manuais e pregações do apóstolo Guillermo Maldonado, em inglês e espanhol, ou comprar diretamente da editora:
ventas@elreyjesus.org
www.shop.KingJesus.org

Ministerio Internacional El Rey Jesús
14100 SW 144 Ave. Miami, FL 33186
(305) 382-3171

www.ingramcontent.com/pod-product-compliance
Lightning Source LLC
Chambersburg PA
CBHW081637040426
42449CB00014B/3351